Annette Vosswinkel

Beste Freunde
DEUTSCH FÜR JUGENDLICHE

Deutsch als Fremdsprache

Leseheft: Geheimnis im Hotel

HUEber

1 📄 Aufgabe vor dem Lesen
📄 2 Aufgabe nach dem Lesen
3 💬 Aufgabe in Partnerarbeit
4 💬 Aufgabe in Gruppenarbeit

Zu diesem Leseheft gibt es unter www.hueber.de/beste-freunde
- die Hörfassung als mp3-Dateien
- PDF-Arbeitsblätter mit Aufgaben

Der Verlag weist ausdrücklich darauf hin, dass im Text
enthaltene externe Links vom Verlag nur bis zum Zeitpunkt
der Buchveröffentlichung eingesehen werden konnten.
Auf spätere Veränderungen hat der Verlag keinerlei Einfluss.
Eine Haftung des Verlags ist daher ausgeschlossen.

Das Werk und seine Teile sind urheberrechtlich geschützt.
Jede Verwertung in anderen als den gesetzlich zugelassenen Fällen
bedarf deshalb der vorherigen schriftlichen Einwilligung des Verlags.

Eingetragene Warenzeichen oder Marken sind Eigentum des
jeweiligen Zeichen- bzw. Markeninhabers, auch dann, wenn diese
nicht gekennzeichnet sind. Es ist jedoch zu beachten, dass weder
das Vorhandensein noch das Fehlen derartiger Kennzeichnungen die
Rechtslage hinsichtlich dieser gewerblichen Schutzrechte berührt.

| 6. 5. 4. | Die letzten Ziffern |
| 2024 23 22 21 20 | bezeichnen Zahl und Jahr des Druckes. |

Alle Drucke dieser Auflage können, da unverändert,
nebeneinander benutzt werden.
1. Auflage
© 2016 Originalausgabe: Hueber Hellas Verlag GmbH, 153 43 Athen,
Griechenland
© 2017 Hueber Verlag GmbH & Co. KG, München, Deutschland
Umschlaggestaltung: Sieveking · Agentur für Kommunikation, München
Layout und Satz: ms design, Athen
Druck und Bindung: Friedrich Pustet GmbH & Co. KG, Regensburg
Printed in Germany
ISBN 978–3–19–081051–2

Geheimnis im Hotel

Die Personen:

Laura
Sie ist zwölf und lebt in München. Jetzt sind Sommerferien und sie war fünf Tage bei ihrer Cousine Kati in Wien.

Simon
Er möchte zu einem Spiel von Manchester United fahren und braucht Geld. Deshalb hilft er in den Ferien seinem Onkel im Hotel. Das darf er jetzt, im Mai hatte er Geburtstag und ist jetzt 13. Er ist der beste Freund von Laura.

Kati
Sie ist die Cousine von Laura. Sie ist elf Jahre alt und ihr Hobby ist Mode. Laura besucht Kati oft und Kati war auch schon oft in München.

Sven Wagner
Er ist der Onkel von Simon und arbeitet im Hotel Sommer an der Rezeption.

Moritz
Er ist 17 und spielt Gitarre. Er möchte in London leben und dort auf die Royal Academy of Music gehen.

Opa Breuer
Er ist der Opa von Moritz und schon sehr alt. Er liebt Moritz sehr.

Clarissa
Sie ist 18 und möchte auf die sehr gute Modeschule MODE-Kreation gehen.

Polizist Moser
Er kennt Simons Onkel schon sehr lange. Sie sind Freunde. In einem Hotel kann es manchmal Probleme geben und dann hilft er seinem Freund Sven immer gern.

1 Laura kommt zurück

Donnerstag. Heute kommt Laura aus Wien zurück.

1 Hi, Laura! Bist du da?
Ja, hallo Simon! Wie geht's?
Holt dich deine Mutter vom Bahnhof ab?
5 Nein, leider nicht. Sie arbeitet.
Dann komme ich.
Toll!!! ☺
Wann kommt dein Zug an?
10 Um 18:12 Uhr. Am Ostbahnhof.
O.k. Ich bin dann da.

2

2 Im Eiscafé

Simon holt Laura am Bahnhof ab. Laura möchte nicht sofort nach Hause fahren, sie möchte ein Eis essen und sie gehen in ein Eiscafé. Laura erzählt ein bisschen von Wien. Sie haben nicht viel gemacht, Kati war krank. Und Simon erzählt vom Hotel. Es ist ein kleines Hotel, aber es gibt dort auch Gäste[1] aus Amerika, Kanada und England. Mit ihnen kann er Englisch sprechen und das findet er toll.

Simon: Warum kommst du nicht morgen ins Hotel? Dann kann ich dir alles zeigen. Und du kannst auch meinen Onkel Sven kennenlernen. Oder hast du keine Zeit? Oder keine Lust?

Laura: Doch, doch. Ich komme gerne, aber ich möchte nicht so früh aufstehen. Vielleicht um elf?

Simon: Super. Das Hotel ist in der Ringstraße 53. Da kannst du mit dem Bus Nummer 22 fahren. Das ist einfach.

Laura: O.k. So, jetzt muss ich aber nach Hause. Kommst du mit? Ich habe doch die zwei großen Taschen.

Simon: Na klar. Komm, gehen wir.

[1] der Gast, Gäste = Leute, die im Hotel wohnen

3 Freitagmorgen im Hotel

Simon: Hallo, Laura. Das ist mein Onkel Sven. Er arbeitet schon zehn Jahre hier im Hotel Sommer.
Laura: Guten Tag, Herr …
Onkel Sven: Wagner. Aber du kannst Sven und „Du" sagen. So alt bin ich ja noch nicht!
Laura: O.k., Sven. Habt ihr viele Gäste?
Onkel Sven: Ja, im Sommer immer. Aber jetzt haben sie schon alle gefrühstückt und viele sind in der Stadt. Da im Hotel-Café sitzt nur noch Mister Brown. Aus New York. Er ist schon 70, aber er

	kommt jedes Jahr. Simon geht jeden Tag mit seinem Hund spazieren. Ja, und hier ist auch Moritz! Hallo Moritz, wie geht's?
20 Moritz:	Guten Morgen, Herr Wagner, hallo Simon. Kann ich den Schlüssel[1] für die Bar[2] haben?
Onkel Sven:	Na klar! Hier ist der Schlüssel. Und das hier ist Laura, eine Freundin von Simon.
Laura:	Hi. Eh, was machst du denn um elf Uhr mit der Gitarre in der Bar?
25 Moritz:	Ich übe.
Laura:	Oh, Gitarre finde ich toll. Darf ich vielleicht mal zuhören?
Moritz:	Natürlich, kein Problem. Ich übe bis um zwölf. Tschüss dann.

Laura: Simon, übt Moritz jeden Tag? Erzähl mal.
Simon findet Moritz langweilig. Moritz ist am Dienstag zusammen mit seinem Opa, Herrn Breuer, ins Hotel gekommen. Er ist 17 Jahre alt, aber jeden Tag übt er nur Gitarre oder geht
35 mit seinem Opa spazieren. Und etwas ist komisch[3]: Moritz will auf die Royal Academy of Music in London. Die ist teuer. Aber Moritz und sein Opa haben nur wenig Geld. Sie haben ein billiges Zimmer, Moritz hat ein total altes Handy und sie essen nie im Restaurant.
40 Laura: Mit 17 an die Royal Academy of Music? Dann muss er aber sehr gut sein!

---

[1] der Schlüssel =
[2] die Bar = dort kann man etwas trinken
[3] komisch = nicht normal, nicht logisch

Onkel Sven: Simon, Opa Breuer ist am Telefon. Kannst du seine Jacke abholen und in die Reinigung[1] bringen? Zimmer 104.
45 Simon: Ja, sofort.
Onkel Sven: *Ja, Herr Breuer, Simon kommt sofort.*
Laura: Ich komme mit. Ich möchte Opa Breuer kennenlernen.

Simon und Laura gehen zu Opa Breuer in Zimmer 104. Sie
50 holen die Jacke ab. Laura findet Opa Breuer sehr nett.

Laura: Simon, ich finde, *du* bist komisch. Ich verstehe dich wirklich nicht. Opa Breuer ist sehr nett und Moritz auch. Gehen wir jetzt zur Reinigung? Nehmen wir den Bus?
55 Simon: Nein, es sind nur 20 Minuten zu Fuß.

[1] die Reinigung = Oh, ich habe Schokolade auf der Jacke. Ich muss sie in die Reinigung bringen.

4 Die Goldmünzen

Simon: Laura, kannst du mal eine Minute warten? Ich will Onkel Sven anrufen. Vielleicht möchte er ja eine Zeitung vom Kiosk. Hier, halte mal die Jacke.
Laura: Ja, kein Problem.

5 Och, was ist denn das?
Simon: Das sind Münzen. Goldmünzen. In Opa Breuers Jacke! Woher hat denn Opa Breuer die Münzen?
Laura: Das ist doch egal! Das sind Opa Breuers Münzen. Im Hotel müssen wir sie ihm sofort zurückgeben. Rufst
10 du jetzt Sven an?
Simon: Ach ja, richtig.
Onkel Sven? Ja, es ist alles o.k. Willst du eine Zeitung vom Kiosk? O.k. Tschüss.
Also ja, Onkel Sven möchte eine Zeitung.
15 Simon und Laura bringen die Jacke zur Reinigung. Dann gehen sie zum Kiosk und kaufen eine Zeitung für Onkel Sven. Auf der ersten Seite steht ganz groß:

Simon: Die Goldmünzen! Opa Breuer ist der Dieb[1]!
Laura: Simon, spinnst du? Opa Breuer ist alt, außerdem kann er nicht gut laufen. Das sieht man doch. Er kann nicht der Dieb sein!
Simon: Aber Moritz ist jung und sportlich! Sie wollen die Münzen verkaufen und dann kann Moritz nach London auf die Royal Academy.
Laura: Simon, du spinnst wirklich!
Simon: Vielleicht spinne ich, vielleicht spinne ich aber auch nicht. Das wissen wir nicht. Ich erzähle alles Onkel Sven. Und du sagst kein Wort, zu niemandem. Einverstanden? Kein Wort!
Laura: Einverstanden! Kein Wort! Zu niemandem!

[1] der Dieb =

5 Clarissa

Nach einer Stunde sind Laura und Simon zurück im Hotel. Da kommt Clarissa. Sie hat ein Problem mit ihrem Computer.

Clarissa: Simon, kannst du mir helfen? Du bist doch so gut mit Computern. Ich komme mit dem Hotel-WLAN nicht ins Internet.
Simon: Natürlich, das ist kein Problem. Ich komme sofort. Eh, Laura?
Laura: O.k. Ich gehe in die Bar zu Moritz.

Simon und Clarissa sind in Clarissas Hotelzimmer.
Simon: So, das mit dem Internet ist jetzt o.k.
Clarissa: Herzlichen Dank, Simon. Das ist toll. Jetzt kann ich endlich meine Mode-Sites sehen.
Simon: Das war doch nichts. Du findest Mode interessant?
Clarissa: Ja. Und ich gehe im September auf eine Modeschule, hier in München. Im September fängt die Schule an, aber morgen ist der große Tag.
Simon: Warum?
Die Modeschule MODE-Kreation ist eine sehr gute Schule und sie nimmt jedes Jahr nur 30 neue Schüler auf. Im August macht

20 sie immer eine Ausstellung mit den Kreationen von den neuen Schülern. Denn die Schule möchte zeigen: „Auf unsere Schule kommen nur sehr gute Schüler!" Die drei besten[1] Schüler bekommen einen Preis[2].

die Ausstellung

Clarissa: Die Ausstellung fängt heute um drei an und geht
25 bis morgen um sechs Uhr. Dann bekommen die drei besten Schüler ihren Preis. Und vielleicht bekomme ich ja einen Preis. Ich hoffe es.
Simon: Viel Glück!
Clarissa: Danke. Sag mal, Simon, kennst du die Modeschule?
30 Sie ist in der Bergstraße. Mit welchem Bus muss ich da fahren?
Simon: Die Schule kenne ich nicht, aber die Bergstraße. Du fährst mit dem Bus Nummer 12 vom Hotel zum Marienplatz. Dann gehst du links in die Alpenstraße
35 und dann rechts. Das ist dann die Bergstraße.
Clarissa: Na, das ist ja nicht schwer. Danke, Simon.
Simon: Kein Problem. Und noch mal: Viel Glück für morgen!

[1] die drei besten =
[2] der Preis =

6 Moritz spielt Gitarre

Moritz:	So, jetzt ist Schluss. Ich muss in zehn Minuten mit Opa spazieren gehen. Wir gehen jeden Tag vor dem Mittagessen und am Nachmittag spazieren. Spielst du auch Gitarre, Laura?
Laura:	Nein, aber Simon spielt Gitarre. Ich höre gern Gitarrenmusik und du spielst wirklich super. Wie lange spielst du schon Gitarre?
Moritz:	Ich habe mit fünf Jahren angefangen. Mit einer Kindergitarre natürlich.
Laura:	Aha. Simon sagt, du willst nach London auf die Royal Academy of Music?
Moritz:	Ja, jetzt im September.
Laura:	Bist du dann allein in London? Oder hast du dort Freunde?
Moritz:	Meine Tante lebt dort mit ihrem Mann. Sie sind super nett und ich kann auch bei ihnen wohnen. Das ist

	toll, denn ich habe nicht sehr viel Geld und die Royal Academy ist ziemlich teuer. Und du? Was machst du?
Laura:	Na ja. Ich gehe natürlich noch zur Schule. Aber das ist ganz o.k., nur Mathe hasse ich. Dann habe ich meine Freunde und meine Hobbys. Ich klettere und ich spiele Fußball. Und ich singe gern.
Moritz:	Das finde ich echt toll. Ich bin nicht sportlich. Ich hatte auch in Sport immer schlechte Noten. Was singst du denn gern?
Laura:	Na ja, vieles. Nur Rap finde ich furchtbar. Ich mag viele Pop-Songs, aber meine Lieblingslieder sind englische Balladen.
Moritz:	Ja, die gefallen mir auch sehr. Vielleicht können wir ja mal zusammen Musik machen? Och, es ist schon spät. Ich muss gehen. Tut mir leid, aber Opa wartet. Tschüss dann.
Laura:	Ja, tschüss.

7 Zweimal 25 000 Euro

Laura sucht Simon. Sie geht zur Rezeption. Aber dort ist Simon nicht. Sie fragt Onkel Sven. Simon ist im Café.

Laura:	Was machst du denn hier im Café? Hast du mit deinem Onkel gesprochen? Hast du ihm die Münzen gegeben?
Simon:	Nein, noch nicht. Ich will die Münzen im Internet suchen, dann gebe ich sie meinem Onkel.
Laura:	Du Kamel! Die Münzen sind vielleicht aus dem Museum, sie sind vielleicht sehr viel wert[1]. Gib sie sofort deinem Onkel! Du kannst die Münzen mit

[1] sind viel wert = kosten viel Geld

	deinem Handy fotografieren, dann können wir sie ohne Probleme im Internet finden.
Simon:	Hm, einverstanden. Ich gebe sie Onkel Sven. Ich bin gleich zurück.

der Safe

15 Simon: O.k. Die Münzen sind jetzt im Safe. Onkel Sven findet, das ist eine komische Geschichte. Deshalb will er alles seinem Freund, dem Polizisten Moser, erzählen.
Laura: Ja, das ist gut. Und jetzt suchen wir die Münzen im Internet.
20 Sie finden sie sehr schnell. Die Goldmünzen sind aus dem Jahr 1873, sie sind aus Deutschland, aus Mecklenburg-Strelitz und jede Münze ist 25 000 Euro wert!
Laura: Siehst du, mit den zwei Münzen kann Moritz die Royal Academy bezahlen!
25 Simon: Und woher hat er die Münzen? Aus dem Münzmuseum!
Laura: Simon, wir sind hier nicht in einem Sherlock-Holmes-Film! Das ist doch Quatsch. Opa Breuer hat nur zwei Münzen, nicht 120! Wo sind die 120 Münzen?
30 Simon: Vielleicht in der Gitarrentasche von deinem süßen Moritz?
Laura: Simon, du bist doof!

8 Die Ausstellung

Laura ist sauer.

Simon: O.k., ich bin ein bisschen doof.
Laura: Ein bisschen sehr doof! Sag mal, wer war denn das Mädchen mit dem Computerproblem?
5 Simon: Das ist Clarissa. Sie geht auf eine Modeschule hier in München, jetzt im September.
Laura: Auf eine Modeschule? Na ja, ihr Outfit ist teuer, aber ich finde es ziemlich langweilig. Warum wohnt sie in einem Hotel?
10 Simon: Sie kommt nicht aus München. Vielleicht hat sie noch keine Wohnung gefunden.
Laura: Die Schule fängt im September an. Was macht sie dann jetzt schon in München?
Simon: Ihre Schule macht eine Ausstellung für die neuen
15 Schüler, heute und morgen, und die drei besten Schüler bekommen einen Preis. Wie spät ist es?
Laura: Viertel vor zwei. Warum?
Simon: Hast du Hunger?
Laura: Ja.
20 Simon: Ich habe eine Idee. Wir können im Hotel-Restaurant essen, die Würstchen sind super. Aber vielleicht willst du lieber einen Salat? Und dann gehen wir um drei in die Ausstellung von Clarissas Modeschule.
Laura: Ach, du findest jetzt Mode interessant? Aber egal.
25 O.k., einverstanden. Ich habe Zeit.

Laura und Simon haben im Hotelrestaurant gegessen und sind jetzt auf der Ausstellung. Laura findet die Ausstellung nicht schlecht, aber Simon findet viele Sachen echt verrückt.
Simon: Nur das hier, der Rock und die Tasche. Die sehen gut

30 aus. Ach, schau mal, die sind von Clarissa! Hier steht: von Clarissa Tina Siegert.
Laura: Den Rock, die Tasche, die kenne ich. Die sind nicht von deiner Clarissa. Die sind von Kati!
Simon: Was sagst du?
35 Laura: Ja, die sind von Kati. Die habe ich Ostern bei ihr gesehen. Jetzt waren sie nicht da. Und siehst du hier: die Augen von der Katze, das linke Auge ist grün und das rechte Auge ist blau. Katis Lieblingsfarben. Komm, wir gehen. Ich muss Kati anrufen. 18–19

9 Kati

Laura: … und deinen Rock und deine Tasche in der Ausstellung gesehen. 20
Simon: Laura, den Lautsprecher[1]. Ich will auch hören.

[1] der Lautsprecher =

Laura: Kati, und warum hat jetzt Clarissa deinen Rock und deine Tasche?

Kati: *Clarissa? Nein, ihr Name war Tina. Ich habe den Rock und die Tasche auf der Modewoche in der Schule gezeigt. Das habe ich dir doch erzählt. Na, und da ist Tina gekommen und hat meine Sachen total toll gefunden. Sie hat gesagt, sie kennt viele Leute im Modebusiness und sie kann ihnen meine Sachen zeigen. Und da habe ich ihr die Sachen gegeben.*

Laura: Und warum hast du ihr nicht gesagt, sie soll einfach Fotos machen?

Kati: *Sie hat gesagt, Fotos sind nicht gut. Sie muss den Leuten die Sachen zeigen.*

Laura: Warum hast du mir das nicht erzählt?

Kati: *Ich habe ja nicht gewusst, ... Ich habe ... Ich weiß nicht, ... Keine Ahnung ...*

Laura: Egal. Und was machen wir jetzt? Du machst doch mit allen deinen Sachen ein Selfie, richtig?

Kati: *Das weißt du doch.*

Laura: Mit Datum[1]?

Kati: *Na klar. Richtig! Ich schicke dir das Selfie, dann kannst du das den Leuten zeigen. Der Rock und die Tasche sind von mir, nicht von Tina, eh, Clarissa. Das können sie dann sehen.*

Laura: Richtig. Schick das Foto schnell. Komm Simon, wir gehen sofort zu deinem Onkel. Der hat doch seinen Freund, den Polizisten.

---

[1] das Datum = der Tag und das Jahr

10 Opa Breuer und der Safe

Onkel Sven spricht mit seinem Freund, dem Polizisten Moser. Moritz kommt auch zur Rezeption.

das Zertifikat

Moritz: Hallo, Herr Wagner. Können Sie mir bitte die Münzen geben, aus dem Safe? Mein Opa hat Sie Ihnen am Dienstag gebracht.
Polizist Moser: Guten Tag, ich bin Polizist Moser. Und Sie sind Moritz, Moritz Breuer?
Moritz: Ja.
Polizist Moser: Was wollen Sie denn mit den Münzen machen?
Moritz: Wir, mein Opa und ich, wollen die Münzen verkaufen.
Polizist Moser: Warum?
Moritz: Ich möchte in London auf die Royal Academy of Music gehen, und die kostet viel Geld. Ist das ein Problem?

Polizist Moser: Nein, nein, natürlich nicht. Nur noch eine Frage: Woher haben Sie die Münzen?
Moritz: Mein Opa hat die Münzen von seinem Vater. Hier, ich habe auch ein Zertifikat. Im Zertifikat steht alles: der Name von …

Laura und Simon kommen zurück ins Hotel.
Simon: Siehst du, an der Rezeption ist auch Polizist Moser. Ich habe es ja gewusst: Moritz ist der Dieb.

Moritz: … meinem Opa, der Name von seinem Vater.
Polizist Moser: Na Moritz, dann ist ja alles o.k. mit den Münzen.

Onkel Sven:		Und sie sind auch im Safe. Aber dein Opa hat sie mir nicht am Dienstag gebracht. Simon hat sie mir heute gebracht. Simon und Laura haben die Münzen gefunden.
Moritz:		Simon und Laura?
Laura:		Ja, die Münzen waren in der Jacke von deinem Opa.
Moritz:		In der Jacke? In der Jacke für die Reinigung? Nicht im Safe! Oh, nein! Opa ist alt. Er vergisst viel. Und ihr habt sie gefunden? Da bin ich aber froh. Danke Laura, danke Simon.
Laura:		Ja, Moritz, ich bin auch froh.
Simon:		Ist schon o.k. Kein Problem.
Onkel Sven:		Ja, Moritz, du und dein Opa, ihr habt Glück gehabt. Komm, wir holen jetzt die Münzen aus dem Safe.
Laura:		Siehst du, Simon! Herr Moser, Moritz ist kein Dieb, das habe ich gewusst. Aber Clarissa, eh Tina ist eine Diebin. Sie hat die Tasche und den Rock von Kati. Sie müssen sofort mit uns zur Ausstellung kommen und …
Polizist Moser:		Hoppla! Langsam, langsam, liebe Laura. Ich verstehe kein Wort. Was ist passiert? Wer ist Clarissa? Und welche Ausstellung?

11 Die E-Mail

Von:	Laura Kobell <laurak@bfmail.com>
An:	Moritz <mobreuer@hitmail.com>
Betreff:	das Geschenk

Polizist Moser hat erst überhaupt nichts verstanden, aber wir haben ihm dann alles erzählt. Und dann haben wir Polizist Moser das Foto gezeigt. Wir sind dann mit Polizist Moser zur Modeschule gefahren. Dort haben wir alles erzählt und natürlich auch das Foto gezeigt. Dann haben die von der Schule mit Clarissa-Tina gesprochen, Polizist Moser hat mit Clarissa-Tina gesprochen und ... und ... und. Jetzt hat Kati ihren Rock und ihre Tasche zurück und Clarissa-Tina darf nicht auf die Modeschule. ... Warum hat sie das nur gemacht? Wer weiß? ... Vielleicht hat sie Probleme? Vielleicht ist Modedesignerin ihr Traumberuf? Keine Ahnung. Lieber Moritz, noch einmal vielen Dank für das schöne Geschenk. Auch Simon sagt Danke. Ich muss jetzt Schluss machen, ich gehe mit Simon und seiner kleinen Schwester ins Kino. Viele liebe Grüße nach London
deine Laura

P.S.: Ich habe auf dem Flohmarkt ein tolles Buch mit alten englischen Balladen gefunden. Das möchte ich dir schicken. Schreibst du mir deine Postadresse?

ENDE